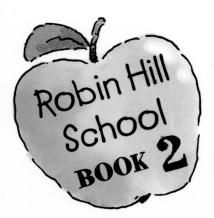

Robin Hill School BOOK 2

Too Many Valentines

STORY BOOK

written by Margaret McNamara
illustrated by Mike Gordon

Long tail Books

Robin Hill School BOOK 2

Too Many Valentines

For information about permission, write to team@ltinc.net
ISBN 979-11-93992-01-2

Longtail Books

Too Many Valentines

Robin Hill School
BOOK 2

written by Margaret McNamara
illustrated by Mike Gordon

"It is almost Valentine's Day,"
said Mrs. Connor.
"Today we will make cards."

All the children
at Robin Hill School
loved Valentine's Day.

All the children
except Neil.

"Valentines are frilly!
Valentines are pink!"
he said.

"I get too many valentines.
I do not want any more."

"Are you sure?"
    asked Mrs. Connor.
"Yes, I am sure," said Neil.
"Very, very sure."
    And that was that.

On Valentine's Day,
Katie gave Emma
a frilly valentine.

James gave Hannah
a pink valentine.

But nobody
gave a valentine
to Neil.

Mrs. Connor asked him,
"Is it all right
that you did not get
any valentines?"

"Yes," said Neil.

"It is great."

But inside,
Neil did not feel great
at all.

On the playground
all the children
looked at their valentines.

Neil looked at the swings.

In the halls
all the children
read their
valentines.

Neil read a book.

On the school bus
all the children
talked about their valentines.

Neil talked about
his soccer team.
But nobody listened.

When Neil got home
his sister said,
"Neil, this card
came for you."

Neil opened the envelope.

Inside was a valentine.
It was not frilly.
It was not pink.

Every first grader
in Neil's class
signed the card.

We thought you
would be SAD
if there was no
valentine
for you!

Hannah   Michael

Reza Emma   Ayanan

James   Katie   Eigen

Mia   Griffin

The next day
Mrs. Connor asked,
"Did you get too
many valentines,
Neil?"

"No," said Neil.
"I did not get
too many valentines.
I got just one valentine.
And I feel great."

This time, he did.

Welcome to the world of Robin Hill School, full of surprise and fun!

Everyone at Robin Hill School is looking forward to Valentine's Day. Everyone except Neil. He thinks valentines are silly. But on the big day, when Neil does not get any valentines at school, he is not sure they are so silly after all!

Too Many Valentines

• 영어 원서 & 워크북 •

지은이 마거릿 맥나마라 · 성기홍
그림 마이크 고든

이 책은 이렇게 만들었어요!

이 책은 **영어 원서(별책)**,
그리고 영어 원서에 기반한 단어·쓰기 활동들을 담은
워크북(본책)으로 구성되어 있습니다.
먼저 원서를 통해 미국 초등학교를 배경으로 펼쳐지는
톡톡 튀는 이야기를 재미있게 읽고,
워크북을 통해 단계별로 차근차근 공부해 보세요!

원서의 구성

별책으로 분리해서 가볍게 읽을 수 있는 영어 원서!
가독성을 위해 수입 원서의 판형을 시원하게 키우면서,
알록달록하고 개성 있는 일러스트는 그대로 유지했습니다.

워크북의 구성

원서의 한국어 번역과 함께, 혼자서도 차근차근 공부할 수 있도록
다양한 단어·쓰기 활동들을 단계별로 담았습니다.

한국어 번역 p.5~32

워크북에 담긴 한국어 번역의 페이지 번호는 영어 원서와
동일하게 유지했고, 최대한 직역에 가깝게 번역했습니다.
원서를 읽다가 이해가 가지 않는 부분이 있으면,
워크북의 같은 페이지를 펼쳐서 번역을 확인해 보세요!

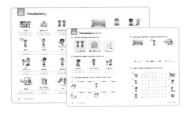

Vocabulary & Vocabulary Quiz p.34~37

원서에서 선별한 핵심 단어들을 아기자기한 일러스트와 함께
확인하고, 직접 따라 쓰면서 공부해 보세요. 이어서 다양한
단어 퀴즈들을 통해 앞에서 공부한 단어들을 복습할 수 있습니다.

Let's Practice! p.38~53

원서에서 선별한 핵심 문장들을 통해 총 8가지 문장 패턴을
학습할 수 있습니다. 추가로 제공되는 단어·표현들을 가지고
패턴 문장들을 응용해서 써 보고, 받아쓰기로 마무리해 보세요!

Let's Fill In! `p.54~61`

앞에서 공부한 패턴 문장들로 이루어진 다양한 글들의 빈칸을
채워 보세요. 지문의 종류는 일기, 편지, 문자 등으로
이루어져 있어서 손쉬운 실생활 적용이 가능합니다.

Let's Write! `p.62~65`

패턴 문장들로 이루어진 글들을 그대로 따라 쓰면서
긴 호흡의 글쓰기를 연습해 보세요. 지문의 내용은 영어 원서와
자연스럽게 연결되어 있어서 흥미를 잃지 않을 수 있습니다.

My Diary `p.66`

마지막 총 정리의 시간! 앞에서 공부한 패턴 문장들,
그리고 다채롭게 주어진 힌트들을 가지고 나만의 일기를 완성해 보세요.

Fun Fact `p.67`

주어진 활동들을 모두 마쳤다면, 원서의 내용과 관련된
미국 초등학교 생활에 관한 흥미로운 정보를 읽어 보세요.
원서의 줄거리를 떠올리면서 미국 현지 문화를 자연스럽게 엿볼 수 있습니다.

Answers `p.68~70`

워크북의 맨 끝에는 앞에서 공부한 활동들의 정답을 담았습니다.
영어 실력을 얼마나 쌓았는지 확인해 보세요!

추천 진도표 ✏️

QR 코드를 인식해서 효린파파 선생님이 직접 작성한 진도표를 다운받아 보세요!

「로빈 힐 스쿨」을 효과적으로 활용해서 공부할 수 있도록, 원서와 워크북의 학습 요소들을
10일 분량으로 나눈 추천 진도표를 PDF 파일로 제공합니다.

"거의 밸런타인데이가 다 되었구나."

코너 선생님이 말했습니다.

"오늘 우리는 카드를 만들 거야."

로빈 힐 스쿨에 다니는

모든 아이들은

밸런타인데이를 아주 좋아했습니다.

널만 빼고

모든 아이들이요.

"밸런타인 카드에는 주름 장식이 있잖아요!

밸런타인 카드는 분홍색이라고요!"

닐이 말했습니다.

"저는 너무 많은 밸런타인 카드들을 받아요.
그래서 더 이상 원하지 않아요."

"확실하니?"

코너 선생님이 물었어요.

"네, 확실해요." 닐이 말했습니다.

"정말, 정말 확실해요."

그렇게 이야기가 끝났습니다.

밸런타인데이에,
케이티는 엠마에게 주름 장식이 있는
밸런타인 카드를 주었습니다.

제임스는 해나에게
분홍색 밸런타인 카드를 주었어요.

하지만 아무도

밸런타인 카드를

닐에게 주지 않았습니다.

코너 선생님은 닐에게 물었어요.

"너는 밸런타인 카드를

하나도 못 받았는데

괜찮니?"

"네." 닐이 말했습니다.
"기분 좋아요."

하지만 마음속으로,

닐은 기분이

전혀 좋지 않았습니다.

운동장에서

모든 아이들은

자신들의 밸런타인 카드를 바라보았습니다.

닐은 그네를 멍하니 바라보았어요.

복도에서
모든 아이들은
자신들의 밸런타인 카드를
읽었습니다.

닐은 책을 읽었어요.

스쿨버스에서

모든 아이들은

자신들의 밸런타인 카드에 대해 이야기했습니다.

닐은 자신의 축구 팀에 대해

이야기했습니다.

하지만 아무도 듣지 않았어요.

닐이 집에 도착했을 때
닐의 여동생이 말했습니다.
"닐, 이 카드가
오빠에게 왔어."

닐은 봉투를 열었습니다.

그 안에는 밸런타인 카드 한 장이 있었어요.
카드에는 주름 장식이 없었습니다.
분홍색도 아니었어요.

장미는
빨간색
이야

제비꽃은
파란색
이지

28

닐의 반에 있는
모든 1학년 아이들이
카드에 이름을 썼지 뭐예요.

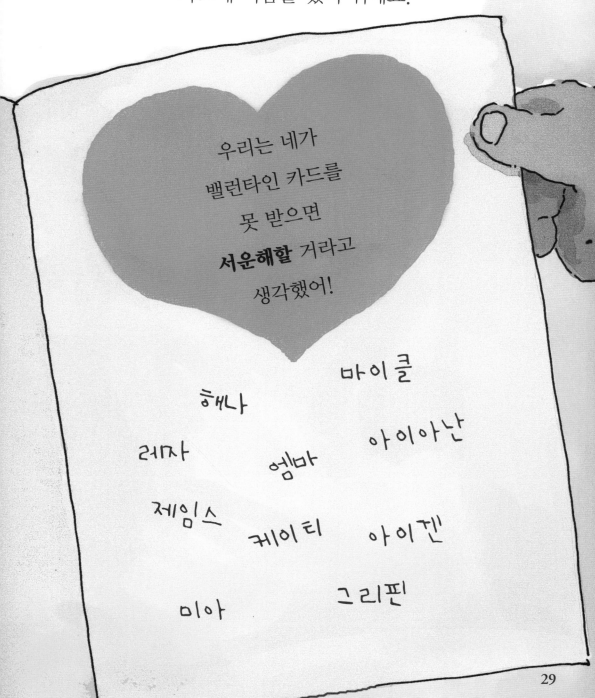

우리는 네가
밸런타인 카드를
못 받으면
서운해할 거라고
생각했어!

마이클

해나

러자   엠마   아이아난

제임스

케이티   아이젠

미아   그리핀

29

다음 날
코너 선생님이 물었습니다.
"너무 많은
밸런타인 카드를
받았니, 닐?"

"아니요." 닐이 말했습니다.
"저는 너무 많은 밸런타인 카드를
 받지 않았어요.
 딱 한 장의 밸런타인 카드를 받았어요.
 그리고 기분이 참 좋아요."

이번에는, 정말로 그랬습니다.

Activities

Neil의 이야기는
재미있게 읽었나요?

★ ★ ★

이제 Neil의 이야기에 기반해서
여섯 파트로 이루어진
다양한 활동들을 준비했어요.
단어장부터 문장·문단 쓰기까지,
차근차근 따라서 공부하다 보면
어느새 나만의 글을 쓸 수 있을 거예요.

QR 코드를 인식해서,
앞에서 읽은 이야기를 떠올리면서
원서 오디오북을 다시 한번 들어 보세요!

PART 01 Vocabulary

아이들

children

밸런타인 카드

valentine

주름 장식이 있는

frilly

원하다

want

확실한

sure

묻다

ask

주다
(과거형 gave)

give

정말 좋은

great

마음속으로

inside

운동장

playground

보다, 바라보다
(look at ~을 보다)

look

그네

swing

복도

hall

읽다
(과거형 read)

read

이야기하다

talk

축구

soccer

듣다

listen

여동생, 누나, 언니

sister

열다

open

봉투

envelope

로즈

장미

rose

제비꽃

violet

이름을 쓰다, 서명하다

sign

슬픈

sad

PART 02

Vocabulary Quiz

A 빈칸을 채워 그림에 알맞은 단어를 완성해 보세요.

f r il l y

en __ el ___ e

s _____

B 알파벳을 바르게 배열하여 그림에 알맞은 단어를 써 보세요.

a d s

sad

i n l s t e

v g e i

C 그림에 알맞은 단어를 골라 ✔ 표시하고, 칸에 맞춰 다시 한번 써 보세요.

1 ☑ swing ☐ sming

2 ☐ incide ☐ inside

3 ☐ sistor ☐ sister

4 ☐ violet ☐ violat

D 그림에 알맞은 단어를 연결하고, 빈칸을 채워 단어를 완성해 보세요.

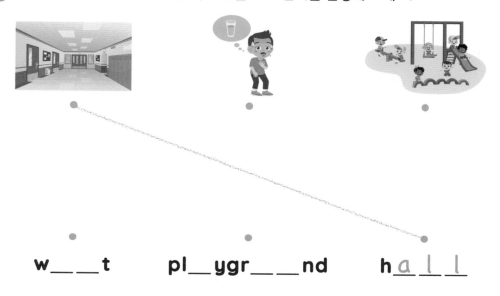

w___t   pl__ygr___nd   h<u>a</u><u>l</u><u>l</u>

E 그림을 보고 알맞은 단어를 퍼즐에서 찾아 표시해 보세요.

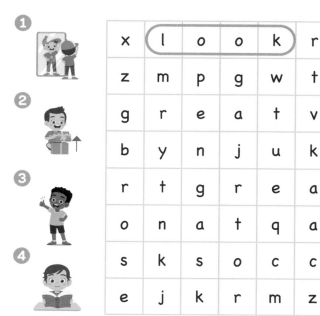

x	l	o	o	k	r	c	q
z	m	p	g	w	t	h	o
g	r	e	a	t	v	i	k
b	y	n	j	u	k	l	n
r	t	g	r	e	a	d	w
o	n	a	t	q	a	r	y
s	k	s	o	c	c	e	r
e	j	k	r	m	z	n	d

Let's Practice!

A 다음 문장을 소리 내어 읽고, 차근차근 따라 써 보세요.

It is almost Valentine's Day.

거의 밸런타인데이입니다.

STEP 1 It is

~입니다.

STEP 2 It is almost

거의 ~입니다.

STEP 3 It is almost Valentine's Day.

거의 밸런타인데이입니다.

다시 한번
써 보세요!

B QR 코드를 인식해서, 주어진 표현을 듣고 한 번씩 따라 써 보세요. 🎧

❶ **Christmas** 크리스마스

Christmas

❷ **Halloween** 핼러윈

Halloween

❸ **Children's Day** 어린이날

Children's Day

❹ **Lunar New Year** 설날

Lunar New Year

C 주어진 표현을 사용해서 문장을 따라 쓰고 완성해 보세요.

1 거의 어린이날입니다.　　　　　　　　　　　　　　Children's Day

It is almost Children's Day.

2 거의 설날입니다.　　　　　　　　　　　　　　　　Lunar New Year

It is

3 거의 핼러윈입니다.　　　　　　　　　　　　　　　Halloween

It

4 거의 크리스마스입니다.　　　　　　　　　　　　　Christmas

It

D QR 코드를 인식해서, 문장을 듣고 받아 써 보세요. 🎧

1 _____

2 _____

Let's Practice!

A 다음 문장을 소리 내어 읽고, 차근차근 따라 써 보세요.

Today we will make cards.

오늘 우리는 카드를 만들 거야.

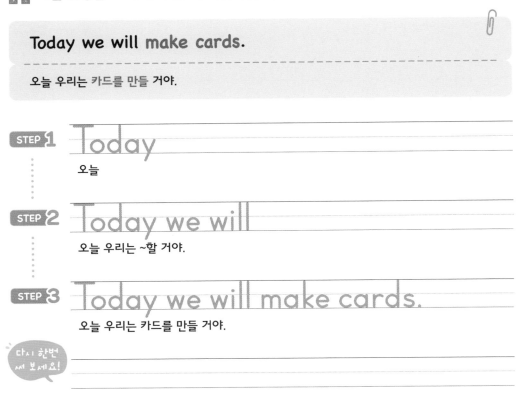

STEP 1 Today

오늘

STEP 2 Today we will

오늘 우리는 ~할 거야.

STEP 3 Today we will make cards.

오늘 우리는 카드를 만들 거야.

다시 한번 써 보세요!

B QR 코드를 인식해서, 주어진 표현을 듣고 한 번씩 따라 써 보세요.

❶ take pictures   사진을 찍다
take pictures

❷ read books   책을 읽다
read books

❸ sing songs   노래를 부르다
sing songs

❹ play games   게임을 하다
play games

C 주어진 표현을 사용해서 문장을 따라 쓰고 완성해 보세요.

1 오늘 나는 책을 읽을 거야.

read books

Today I will read books.

2 오늘 우리는 게임을 할 거야.

play games

Today we will

3 오늘 나는 사진을 찍을 거야.

take pictures

Today I

4 오늘 그들은 노래를 부를 거야.

sing songs

Today they

D QR 코드를 인식해서, 문장을 듣고 받아 써 보세요. 🎧

1

2

PART 03 Let's Practice!

A 다음 문장을 소리 내어 읽고, 차근차근 따라 써 보세요.

All the children loved Valentine's Day.

모든 아이들은 밸런타인데이를 아주 좋아했어요.

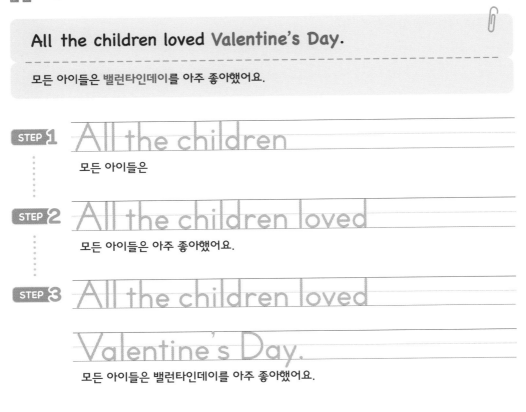

STEP 1 All the children

모든 아이들은

STEP 2 All the children loved

모든 아이들은 아주 좋아했어요.

STEP 3 All the children loved

Valentine's Day.

모든 아이들은 밸런타인데이를 아주 좋아했어요.

B QR 코드를 인식해서, 주어진 표현을 듣고 한 번씩 따라 써 보세요. 🎧

① reading week 독서 주간

reading week

② picture day 사진 촬영 날

picture day

③ field trip 현장 학습

field trip

④ sports day 운동회

sports day

C 주어진 표현을 사용해서 문장을 따라 쓰고 완성해 보세요.

1 나는 운동회를 아주 좋아했어요. `the sports day`

I loved the sports day.

2 그녀는 사진 촬영 날을 아주 좋아했어요. `the picture day`

She loved

3 나는 독서 주간을 아주 좋아했어요. `the reading week`

I

4 그는 현장 학습을 아주 좋아했어요. `the field trip`

He

D QR 코드를 인식해서, 문장을 듣고 받아 써 보세요.

1

2

Let's Practice!

A 다음 문장을 소리 내어 읽고, 차근차근 따라 써 보세요.

I get too many valentines.

나는 너무 많은 밸런타인 카드들을 받아요.

STEP 1 I get

나는 받아요.

STEP 2 I get too many

나는 너무 많은 ~을 받아요.

STEP 3 I get too many valentines.

나는 너무 많은 밸런타인 카드들을 받아요.

다시 한번
써 보세요!

B QR 코드를 인식해서, 주어진 단어를 듣고 한 번씩 따라 써 보세요. 🎧

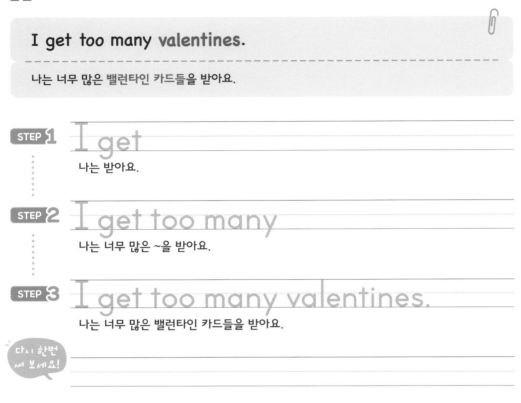

1 toys 장난감들

toys

2 books 책들

books

3 stickers 스티커들

stickers

4 chocolates 초콜릿들

chocolates

C 주어진 단어를 사용해서 문장을 따라 쓰고 완성해 보세요.

1 나는 너무 많은 책들을 받아요.

books

I get too many books.

2 그들은 너무 많은 장난감들을 받아요.

toys

They get

3 나는 너무 많은 초콜릿들을 받아요.

chocolates

I

4 우리는 너무 많은 스티커들을 받아요.

stickers

We

D QR 코드를 인식해서, 문장을 듣고 받아 써 보세요. 🎧

1

2

Let's Practice!

A 다음 문장을 소리 내어 읽고, 차근차근 따라 써 보세요.

Katie gave Emma a valentine.

케이티는 엠마에게 밸런타인 카드를 주었어요.

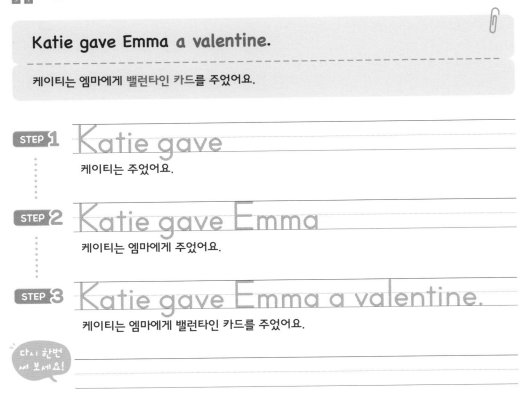

STEP 1 Katie gave

케이티는 주었어요.

STEP 2 Katie gave Emma

케이티는 엠마에게 주었어요.

STEP 3 Katie gave Emma a valentine.

케이티는 엠마에게 밸런타인 카드를 주었어요.

다시 한번
써 보세요!

B QR 코드를 인식해서, 주어진 표현을 듣고 한 번씩 따라 써 보세요.

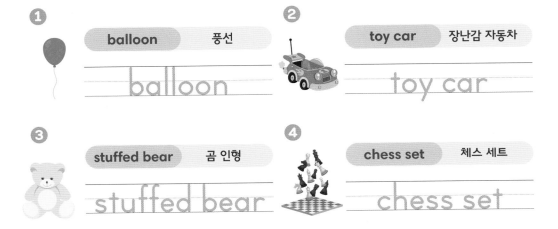

1 **balloon** 풍선

balloon

2 **toy car** 장난감 자동차

toy car

3 **stuffed bear** 곰 인형

stuffed bear

4 **chess set** 체스 세트

chess set

C 주어진 표현을 사용해서 문장을 따라 쓰고 완성해 보세요.

1 나는 해나(Hannah)에게 체스 세트를 주었어요.　　　　　a chess set

I gave Hannah a chess set.

2 그는 제이미(Jamie)에게 풍선을 주었어요.　　　　　a balloon

He gave

3 나는 케이티(Katie)에게 곰 인형을 주었어요.　　　　　a stuffed bear

I

4 그녀는 레자(Reza)에게 장난감 자동차를 주었어요.　　　　　a toy car

She

D QR 코드를 인식해서, 문장을 듣고 받아 써 보세요. 🎧

1

2

Let's Practice!

A 다음 문장을 소리 내어 읽고, 차근차근 따라 써 보세요.

Neil looked at the swings.

닐은 그네를 바라보았어요.

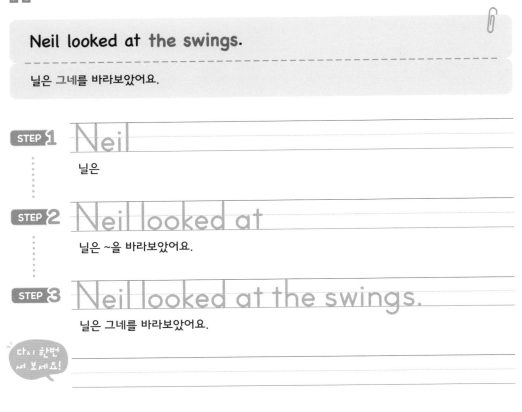

STEP 1 Neil

닐은

STEP 2 Neil looked at

닐은 ~을 바라보았어요.

STEP 3 Neil looked at the swings.

닐은 그네를 바라보았어요.

다시 한번 써 보세요!

B QR 코드를 인식해서, 주어진 표현을 듣고 한 번씩 따라 써 보세요. 🎧

1 slide 미끄럼틀
slide

2 seesaw 시소
seesaw

3 jungle gym 정글짐
jungle gym

4 trampoline 트램펄린
trampoline

C 주어진 표현을 사용해서 문장을 따라 쓰고 완성해 보세요.

1 나는 정글짐을 바라보았어요.　　　　　　　　　the jungle gym

I looked at the jungle gym.

2 우리는 미끄럼틀을 바라보았어요.　　　　　　　　the slide

We looked at

3 나는 트램펄린을 바라보았어요.　　　　　　　　the trampoline

I

4 그들은 시소를 바라보았어요.　　　　　　　　the seesaw

They

D QR 코드를 인식해서, 문장을 듣고 받아 써 보세요. 🎧

1

2

Let's Practice!

A 다음 문장을 소리 내어 읽고, 차근차근 따라 써 보세요.

Neil talked about his soccer team.

닐은 자신의 축구 팀에 대해 이야기했어요.

STEP 1 Neil

닐은

STEP 2 Neil talked about

닐은 ~에 대해 이야기했어요.

STEP 3 Neil talked about his soccer team.

닐은 자신의 축구 팀에 대해 이야기했어요.

다시 한번 써 보세요!

B QR 코드를 인식해서, 주어진 표현을 듣고 한 번씩 따라 써 보세요. 🎧

❶
| photo | 사진 |

photo

❷
| book report | 독후감 |

book report

❸
| drama club | 연극 동아리 |

drama club

❹
| piano lesson | 피아노 수업 |

piano lesson

C 주어진 표현을 사용해서 문장을 따라 쓰고 완성해 보세요.

1 나는 나의 연극 동아리에 대해 이야기했어요.　　　　my drama club

I talked about my drama club.

2 그녀는 자신의 사진에 대해 이야기했어요.　　　　her photo

She talked about

3 나는 나의 피아노 수업에 대해 이야기했어요.　　　　my piano lesson

I

4 그는 자신의 독후감에 대해 이야기했어요.　　　　his book report

He

D QR 코드를 인식해서, 문장을 듣고 받아 써 보세요. 🎧

1

2

Let's Practice!

A 다음 문장을 소리 내어 읽고, 차근차근 따라 써 보세요.

This card came for you.

이 카드가 너에게 왔어.

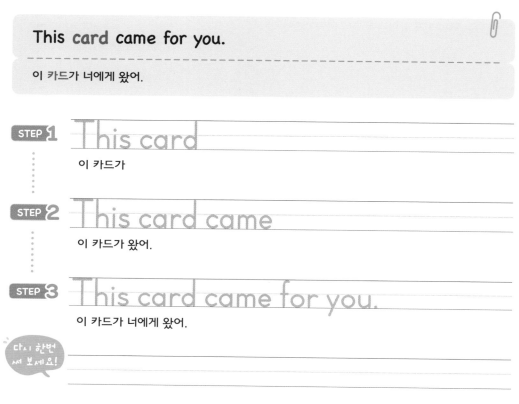

STEP 1 This card
이 카드가

STEP 2 This card came
이 카드가 왔어.

STEP 3 This card came for you.
이 카드가 너에게 왔어.

다시 한번
써 보세요!

B QR 코드를 인식해서, 주어진 단어를 듣고 한 번씩 따라 써 보세요.

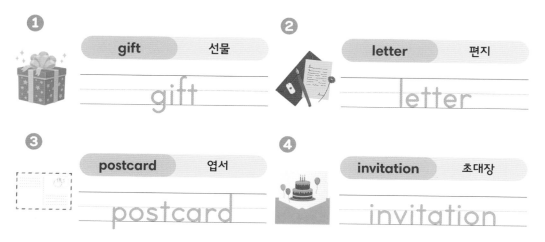

❶ gift 선물
gift

❷ letter 편지
letter

❸ postcard 엽서
postcard

❹ invitation 초대장
invitation

C 주어진 단어를 사용해서 문장을 따라 쓰고 완성해 보세요.

1 이 초대장이 나에게 왔어. `invitation`

This invitation came for me.

2 이 선물이 그에게 왔어. `gift`

came for him.

3 이 엽서가 너에게 왔어. `postcard`

for you.

4 이 편지가 그녀에게 왔어. `letter`

for her.

D QR 코드를 인식해서, 문장을 듣고 받아 써 보세요. 🎧

1

2

PART 04 Let's Fill In!

A 보기에 주어진 표현을 사용해서 Neil의 하루를 완성해 보세요.

보기

the slide
play many games
the jungle gym
the sports day

Neil loves ___the sports day___ .

닐은 운동회를 아주 좋아해요.

And today was the sports day!

그리고 오늘이 운동회 날이었어요!

Neil looked at _____.

닐은 미끄럼틀을 바라보았어요.

Neil looked at _____, too.

닐은 정글짐도 바라보았어요.

"Today we will _____,"
said Mrs. Connor.

"오늘 우리는 많은 게임을 할 거야." 코너 선생님이 말했어요.

Everyone cheered.

모두가 환호했어요.

왼쪽에 있는 Neil의 하루를 보고, '나'의 일기로 바꿔 써 보세요.

잘 생각이 나지 않으면 아래의 우리말 힌트를 참고해도 좋아요.

Title: The Sports Day   😊 May 4th, Wednesday

I [love] the sports day.

And [   ] [   ] the sports day!

I [   ] [   ] the slide.

I looked at the jungle gym, [   ].

"Today [   ] [   ] play many games,"

said Mrs. Connor.

Everyone cheered.

우 리 말 힌 트

나는 운동회를 아주 좋아한다. 그리고 오늘이 운동회 날이었다! 나는 미끄럼틀을 바라보았다. 나는 정글짐도 바라보았다. "오늘 우리는 많은 게임을 할 거야." 코너 선생님이 말씀하셨다. 모두가 환호했다.

PART 04 Let's Fill In!

A 보기에 주어진 표현을 사용해서 Neil의 하루를 완성해 보세요.

보기

sister

his drama club

Lunar New Year

his piano lesson

gift

It is almost _____.

거의 설날이에요.

"Neil, this _____ came for you," said Neil's _____.

"닐, 이 선물이 오빠에게 왔어." 닐의 여동생이 말했어요.

"Wow, thank you," said Neil.

"와, 고마워." 닐이 말했어요.

Neil ate dinner with his family.

닐은 자신의 가족과 함께 저녁을 먹었습니다.

He talked about _____ and _____.

닐은 자신의 피아노 수업과 연극 동아리에 대해 이야기했어요.

B 왼쪽에 있는 Neil의 하루를 보고, [보기]에 주어진 표현을 사용해서 Neil이 자신의 친구 Emma에게 쓴 편지를 완성해 보세요.

[보기] a chess set | it is | talked about | came for | Lunar New Year | yesterday

Dear Emma,

It is almost Lunar New Year!

거의 설날이야!

_____, a gift _____ me.

어제, 나에게 선물 하나가 왔어.

It was _____!

그것은 체스 세트였어!

In the evening, I ate dinner with my family.

저녁에, 나는 내 가족과 함께 저녁을 먹었어.

I _____ my piano lesson and my

drama club.

나는 내 피아노 수업과 연극 동아리에 대해 이야기했어.

Are you celebrating _____

with your family, too?

너도 네 가족과 설날을 축하하고 있니?

I can't wait to hear from you!

Yours, Neil

네 이야기가 정말 듣고 싶어!

Let's Fill In!

A 보기에 주어진 표현을 사용해서 Neil의 하루를 완성해 보세요.

보기

read many books

friend

the reading week

his book report

fun

Neil and his friends love _____.

닐과 닐의 친구들은 독서 주간을 아주 좋아해요.

"Today we will _____,"
said Mrs. Connor.

"오늘 우리는 많은 책을 읽을 거야." 코너 선생님이 말했어요.

Neil talked about _____.

닐은 자신의 독후감에 대해 이야기했어요.

Neil's _____ Hannah also talked about
her book report.

닐의 친구 해나도 자신의 독후감에 대해 이야기했어요.

The reading week is so _____!

독서 주간은 정말 재미있어요!

B 왼쪽에 있는 Neil의 하루를 보고, '나'의 일기로 바꿔 써 보세요.

잘 생각이 나지 않으면 아래의 우리말 힌트를 참고해도 좋아요.

Title: The Reading week   ☺ March 3rd, Monday

My friends and I [＿＿＿] the reading week.

" [＿＿＿] [＿＿＿] [＿＿＿＿＿] read many

books," said Mrs. Connor.

I talked about [＿＿＿] [＿＿＿＿]

[＿＿＿＿＿] .

My friend Hannah also [＿＿＿＿＿＿]

[＿＿＿＿＿] her book report.

The reading week is [＿＿] [＿＿] !

우 리 말 힌 트

내 친구들과 나는 독서 주간을 아주 좋아한다. "오늘 우리는 많은 책을 읽을 거야." 코너 선생님이 말씀하셨다. 나는 내 독후감에 대해 이야기했다. 내 친구 해나도 자신의 독후감에 대해 이야기했다. 독서 주간은 정말 재미있다!

Let's Fill In!

A 보기 에 주어진 표현을 사용해서 Neil의 하루를 완성해 보세요.

보기
gave
Christmas
a stuffed bear
parents
sing songs
books

It is almost _____.

거의 크리스마스예요.

"Today we will _____ and share gifts,"
said Neil's _____.

"오늘 우리는 노래를 부르고 선물을 나눌 거야." 닐의 부모님이 말했어요.

They _____ Neil a large book.

부모님은 닐에게 커다란 책을 주었어요.

And they gave Neil's sister _____.

그리고 부모님은 닐의 여동생에게 곰 인형을 주었어요.

"I get too many _____," said Neil.

"저는 너무 많은 책을 받아요." 닐이 말했어요.

"But I like this book. Thank you!"

"하지만 저는 이 책이 좋아요. 고마워요!"

B 왼쪽에 있는 Neil의 하루를 보고, 보기 에 주어진 표현을 사용해서 Neil과 James의 문자 대화를 완성해 보세요.

보기   too many | it is almost | a large book | gifts | gave

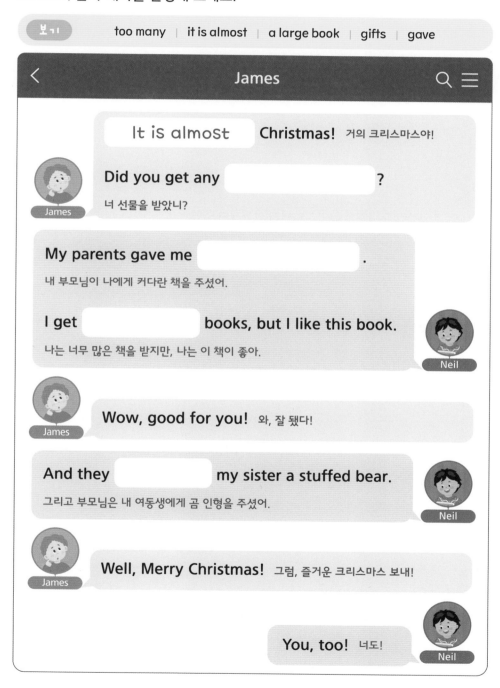

James

It is almost   Christmas!   거의 크리스마스야!

Did you get any _____ ?
너 선물을 받았니?

My parents gave me _____ .
내 부모님이 나에게 커다란 책을 주셨어.

I get _____ books, but I like this book.
나는 너무 많은 책을 받지만, 나는 이 책이 좋아.

Wow, good for you!   와, 잘 됐다!

And they _____ my sister a stuffed bear.
그리고 부모님은 내 여동생에게 곰 인형을 주셨어.

Well, Merry Christmas!   그럼, 즐거운 크리스마스 보내!

You, too!   너도!

Let's Write!

A 앞에서 공부한 내용을 떠올리면서, Neil의 친구 Mia의 하루를 따라 써 보세요.

1 거의 핼러윈이에요.

It is almost Halloween.

2 "이 초대장이 누나에게 왔어." 미아의 남동생이 말했어요.

"This invitation came for you,"
said Mia's brother.

3 "핼러윈에 나는 너무 많은 사탕들을 받아.

"I get too many sweets on Halloween.

④ 하지만 나는 핼러윈을 아주 좋아해!" 미아가 말했어요.

But I love Halloween!" said Mia.

⑤ "나는 사탕들을 아주 좋아해." 미아의 남동생이 말했어요.

"I love sweets," said her brother.

⑥ 미아는 미소를 지었어요.

Mia smiled.

⑦ 미아는 자신의 남동생에게 막대 사탕 하나를 주었어요.

She gave her brother a lollipop.

PART 05 Let's Write!

B 앞에서 공부한 내용을 떠올리면서, Neil의 친구 Eigen의 하루를 따라 써 보세요.

1 모든 아이들은 사진 촬영 날을 아주 좋아했어요.

All the children loved the picture day.

2 "오늘 우리는 사진을 찍을 거야." 코너 선생님이 말했어요.

"Today we will take pictures," said Mrs. Connor.

3 아이겐은 카메라를 바라보았어요.

Eigen looked at the camera.

④ 아이겐은 카메라를 향해 미소를 지었어요.

He smiled at the camera.

⑤ 나중에, 아이겐은 자신의 가족과 함께 저녁을 먹었습니다.

Later, Eigen ate dinner with his family.

⑥ 아이겐은 자신의 사진에 대해 이야기했어요.

He talked about his photo.

⑦ 아이겐은 행복했어요.

He was happy.

나의 일기에 사용할 표현을 네 개 골라 ◯ 표시하고, 고른 표현들을 사용해서
그림 일기를 완성해 보세요.

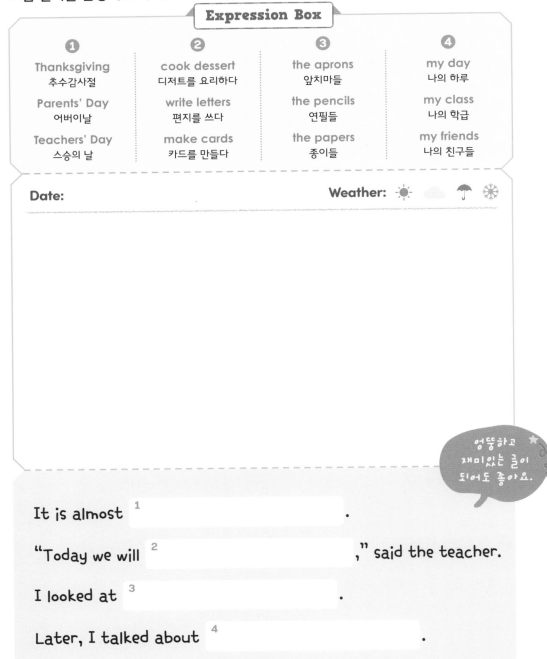

Expression Box

❶	❷	❸	❹
Thanksgiving 추수감사절	cook dessert 디저트를 요리하다	the aprons 앞치마들	my day 나의 하루
Parents' Day 어버이날	write letters 편지를 쓰다	the pencils 연필들	my class 나의 학급
Teachers' Day 스승의 날	make cards 카드를 만들다	the papers 종이들	my friends 나의 친구들

Date: **Weather:** ☀ ☁ ☂ ❄

엉뚱하고 재미있는 글이 되어도 좋아요.

It is almost ¹_____.

"Today we will ²_____," said the teacher.

I looked at ³_____.

Later, I talked about ⁴_____.

밸런타인데이: 사랑에 관한 특별한 날

밸런타인데이는 사람들이 서로를 얼마나 아끼는지 보여 주는 특별한 날이에요. 밸런타인데이는 매년 2월 14일이랍니다. 이 날에, 친구들과 가족들은 서로에게 카드, 꽃, 그리고 하트처럼 생긴 초콜릿을 줍니다. 사람들은 서로에게 좋은 말을 해 주고 포옹을 나누기도 해요. 밸런타인데이에 주위를 둘러보면, 빨간색과 분홍색 장식들, 그리고 하트 모양들을 사방에서 볼 수 있어요. 밸런타인데이는 여러분이 아끼는 사람들과 함께 보내는 즐겁고 사랑으로 가득한 날이에요!

Answers

36p

A frilly / envelope / sign

B sad / listen / give

C
1 ☑ swing ☐ sming
2 ☐ incide ☑ inside
3 ☐ sistor ☑ sister
4 ☑ violet ☐ violat

37p

D

want   playground   hall

E

x	l	o	o	k	r	c	q
z	m	p	g	w	t	h	o
g	r	e	a	t	v	i	k
b	y	n	j	u	k	l	n
r	t	g	r	e	a	d	w
o	n	a	t	q	x	r	y
s	k	s	o	c	c	e	r
e	j	k	r	m	z	n	d

39p

C
2 It is almost Lunar New Year.
3 It is almost Halloween.
4 It is almost Christmas.

D
1 It is almost Halloween.
2 It is almost Lunar New Year.

41p

C
2 Today we will play games.
3 Today I will take pictures.
4 Today they will sing songs.

D
1 Today I will take pictures.
2 Today we will read books.

43p

C
2 She loved the picture day.
3 I loved the reading week.
4 He loved the field trip.

D
1 She loved the picture day.
2 I loved the field trip.

45p

C
2 They get too many toys.
3 I get too many chocolates.
4 We get too many stickers.

D
1 I get too many toys.
2 We get too many chocolates.

47p

C
2 He gave Jamie a balloon.
3 I gave Katie a stuffed bear.
4 She gave Reza a toy car.

D
1 He gave Katie a chess set.
2 She gave Hannah a balloon.

_____ 49p

C **2** We looked at the slide.

　　3 I looked at the trampoline.

　　4 They looked at the seesaw.

D **1** I looked at the slide.

　　2 We looked at the trampoline.

_____ 51p

C **2** She talked about her photo.

　　3 I talked about my piano lesson.

　　4 He talked about his book report.

D **1** I talked about my photo.

　　2 She talked about her book report.

_____ 53p

C **2** This gift came for him.

　　3 This postcard came for you.

　　4 This letter came for her.

D **1** This letter came for you.

　　2 This postcard came for her.

54p

A Neil loves the sports day.

　　And today was the sports day!

　　Neil looked at the slide.

　　Neil looked at the jungle gym, too.

　　"Today we will play many games," said

　　Mrs. Connor.

　　Everyone cheered.

_____ 55p

B I love the sports day.

　　And today was the sports day!

　　I looked at the slide.

　　I looked at the jungle gym, too .

　　"Today we will play many games," said

　　Mrs. Connor.

　　Everyone cheered.

_____ 56p

A It is almost Lunar New Year.

　　"Neil, this gift came for you," said Neil's

　　sister.

　　"Wow, thank you," said Neil.

　　Neil ate dinner with his family.

　　He talked about his piano lesson and his

　　drama club.

57p

B   Dear Emma,

It is almost Lunar New Year!

Yesterday , a gift came for me.

It was a chess set !

In the evening, I ate dinner with my family.

I talked about my piano lesson and my drama club.

Are you celebrating Lunar New Year with your family, too?

I can't wait to hear from you!

Yours, Neil

58p

A   Neil and his friends love the reading week.

"Today we will read many books," said Mrs. Connor.

Neil talked about his book report.

Neil's friend Hannah also talked about her book report.

The reading week is so fun!

59p

B   My friends and I love the reading week.

" Today we will read many books," said Mrs. Connor.

I talked about my book report .

My friend Hannah also talked about her book report.

The reading week is so fun !

60p

A   It is almost Christmas.

"Today we will sing songs and share gifts," said Neil's parents.

They gave Neil a large book.

And they gave Neil's sister a stuffed bear.

"I get too many books," said Neil.

"But I like this book. Thank you!"

61p

B   James

It is almost Christmas!

Did you get any gifts ?

Neil

My parents gave me a large book .

I get too many books, but I like this book.

James

Wow, good for you!

Neil

And they gave my sister a stuffed bear.

James

Well, Merry Christmas!

Neil

You, too!

PART 06   My Diary

66p

Example

It is almost Thanksgiving.

"Today we will write letters," said the teacher.

I looked at the papers.

Later, I talked about my day.

MEMO

너무 많은 밸런타인 카드

초판 발행	2024년 5월 20일
지은이	마거릿 맥나마라, 성기홍, 롱테일 교육 연구소
그림	마이크 고든
책임편집	명채린
편집	김지혜
디자인	오현정, 박새롬
마케팅	두잉글 사업 본부
펴낸이	이수영
펴낸곳	롱테일북스
출판등록	제2015-000191호
주소	04033 서울특별시 마포구 양화로 113, 3층(서교동, 순흥빌딩)
전자메일	team@ltinc.net

이 도서는 대한민국에서 제작되었습니다.

롱테일북스는 롱테일㈜의 출판 브랜드입니다.

ISBN 979-11-93992-01-2 13740